Les secrets de GRAMMAIRE de la fée Nina

Hugo au royaume des sujets dangereux

Accorder les verbes avec les sujets, c'est facile !

Anne-Marie Gaignard
Illustrations de François Saint Remy

La troisième série d'aventures d'Hugo se déroule au « royaume des sujets ». La fée Nina lui dévoile comment accorder le verbe.

Quand le sujet est simple et bien défini, la question « Qui est-ce qui ? » permet d'accorder facilement le verbe. Mais ce n'est pas toujours le cas.

Parfois, l'accord au singulier s'impose alors que le sujet semble pluriel. Par exemple : « les rafales se succédaient, chaque vague me secouait, mais je ne lâchais pas la barre » ; « nous étions des dizaines à lancer nos kayaks vers le large pour filmer les baleines ; n'importe qui peut venir les contempler, au Québec ».

Le singulier est évident quand le nombre est inférieur ou égal à un, y compris un sujet indéfini : « rien n'est plus excitant que de filer au ras de l'eau ; quelque chose scintille sur le rocher au loin » ; mais il ne faut pas se laisser influencer par la présence d'un pluriel dans le groupe sujet : « aucun des habitants du royaume ne souhaite voir Hugo en difficulté ».

À l'inverse, l'accord est au pluriel avec des sujets indéfinis tels que certains, quelques-uns, plusieurs, d'autres. « Certains polos semblent encore tout neufs ».

Parfois, bonne nouvelle, on a le choix. C'est ainsi pour *une dizaine de, une foule de, une bande de, la moitié des* : « le départ en vacances approche, un tas de vêtements encombre (ou : encombrent) mon lit ».

Le troisième chapitre est l'occasion de revenir sur le son é à la fin des verbes, qui demande toujours autant d'attention. La difficulté est fragmentée pour être mieux maîtrisée. Au fil de ses aventures, Hugo a appris que le son é, dans « Margot a trop mangé », est celui du participe passé. Mais voici que deux verbes se suivent, que l'on entend le son é, et pourtant ni AVOIR ni ÊTRE ne sont là : « Henri veut manger une pizza ». Le deuxième verbe – qui fait entendre le son é – est à l'infinitif. Une aventure de plus pour Hugo : il apprendra à régler ce cas.

Il apprendra aussi que l'infinitif s'impose quand le verbe est précédé de son escorte : « les étoiles ne vont pas tarder à se montrer, il va falloir songer à rentrer à la maison ».

L'éditeur

Édition : Pierre Varrod
Conception graphique et réalisation : Tourbillon
Correction : Annick Valade, Brigitte Orcel
Coordination fabrication : Maud Laheurte

ISBN : 2-84902-059-1

Tous droits de reproduction, de traduction et d'adaptation réservés pour tous pays.
© 2004, Dictionnaires Le Robert 27, rue de la Glacière 75013 PARIS

Chapitre 1
Au royaume du « Qui est-ce qui ? »

• • •

Hugo, ce soir, a décidé de se coucher tôt : il veut être en forme, demain, pour le grand cross de trois kilomètres organisé par l'école.

Avant de se mettre au lit, il jette un regard dehors. Rêve-t-il déjà ? Le cheval ailé de la fée Nina vient de passer devant la fenêtre de sa chambre.

Le cheval semble prêt à l'emmener pour de nouvelles aventures. Hugo dévale l'escalier de la maison, court dans le jardin, et rejoint le cheval de la fée et l'enfourche, sans une seule hésitation.

Éclador vole à toute vitesse depuis un moment. Hugo, les bras serrés autour du cou du grand cheval, se sent en sécurité. Grisé par la vitesse et le vent, il garde les yeux mi-clos.

Ils survolent à présent la mer. Où vont-ils ? Tout à coup, une bulle translucide vient à leur rencontre et les enveloppe. Elle tourne sur elle-même et plonge dans l'océan.

Hugo découvre pour la première fois les fonds marins. Des étoiles de mer frôlent la bulle. Des poissons les regardent s'enfoncer. L'engin franchit l'entrée d'une grotte sous-marine, descend le long des parois parsemées d'algues et de coraux multicolores, puis ralentit.

Comme dans un jeu de piste, une multitude de petites pancartes indiquent des directions : « Vestiaires des verbes », « Sujets pluriels ». Hugo comprend : il vient de pénétrer au Royaume des Verbes et des Sujets. Incroyable !

La bulle suit la pancarte : SUJETS DANGEREUX

– Aïe, grimace Hugo. Qu'est-ce qui m'attend !

La bulle s'immobilise et s'ouvre enfin. Hugo descend. Mais qui l'attend ? Nina, bien sûr.

– Bienvenue dans le royaume du « Qui est-ce qui ? ». Ici, tu es un invité de marque.

Hugo suit la fée qui se dirige vers une lourde porte blindée.

Elle tourne un petit volant, la porte s'ouvre et comme dans un sous-marin, ils entrent au cœur du royaume. Mais là, debout, les bras croisés, avec son air peu sympathique : voici le roi AVOIR. Hugo est surpris de le rencontrer ici.

– Tu as sûrement deviné que je ne vis pas au royaume du « Qui est-ce qui ? », n'est-ce pas ?

– Ça, j'en suis certain, lui répond Hugo, vous ne pouvez vivre que dans le royaume du verbe AVOIR, peut-être s'appelle-t-il le royaume du « qui ou quoi » ?

– Exact Hugo. Je ne fais que passer.

Nina lui fait un petit signe. Hugo salue le Roi AVOIR, et elle le guide vers un écran d'eau, qui vient de s'éclairer ; elle lui explique :

– Ici, les verbes cherchent à s'accorder avec leurs sujets. Il te suffit de leur poser une seule question pour qu'ils te répondent et t'aident alors à effectuer le bon accord. Regarde sur l'écran la phrase que le Roi AVOIR t'avait préparée :

> Le garçon (avoir) de la chance,
> le roi AVOIR est de bonne humeur.

– Comment vas-tu accorder le verbe AVOIR ? Rappelle-toi le nom de ce pays.

– Le royaume du « Qui est-ce qui ? ».

– Oui, et même le roi AVOIR obéit à la question « Qui est-ce qui ? ». Cette question s'impose à tous les verbes, même à lui. Tu sais, tous les verbes se demandent qui est leur chef. La question « Qui est-ce qui ? » te permet de les conjuguer.

– Hugo, tu as appris tes conjugaisons. Elles vont te servir. Nina lui dit tout bas :

> J'ai, et Nina épelle la terminaison (a-i)
> Tu as, et elle reprend en épelant (a-s)
> Il ou elle a (a)

Et Hugo termine en disant :

> Nous avons (o-n-s)
> Vous avez (e-z)
> Ils ou elles ont (o-n-t)

Donc : Qui est-ce qui a... de la chance ? Réponse : Le garçon.

– Comme je connais ma conjugaison, je vais écrire :

> Le garçon a de la chance,
> le roi AVOIR est de bonne humeur.

Le tour est joué ! Tu sais, en dictée, je n'oublie plus de chercher les participes passés, mais je fais encore l'erreur de ne pas poser la question « Qui est-ce qui ? » à tous les verbes que je rencontre pour les accorder avec leurs sujets. Alors, forcément, ils ne me répondent pas.

– Comprends-tu maintenant pourquoi le roi AVOIR était dans les parages ?

– Oui, répond Hugo, il voulait me piéger. Grâce à toi Nina, je n'oublierai plus de lui poser la question magique.

– Mais regarde, Hugo, les habitants t'envoient un message sur l'écran d'eau :

> Aucun des habitants du royaume ne (souhaiter) voir Hugo en difficulté.

Nina montre l'écran :

– Regarde bien le premier mot.

– Oui, dit Hugo. Je lis : Aucun.

Il sent qu'une difficulté pointe son nez car lorsqu'il demande : « Qui est-ce qui ne souhaite pas voir Hugo en difficulté ? ». La réponse qui lui parvient est : Aucun des habitants du royaume.

Hugo ne sait pas quoi faire. Il se tourne vers la fée et lui demande :

– Nina, dans ma réponse, je tiens compte de aucun ou de des habitants du royaume ?

Nina lui sourit :

– Tu n'as pas le choix. C'est aucun qui l'emporte. Aucun veut dire « rien » ou « personne » : pas un seul habitant du royaume. Dis-toi, « aucun » c'est zéro ! Donc singulier. On va rencontrer d'autres sujets qui demandent toujours le singulier.

– Ah, comprend alors Hugo. Je vois pourquoi la pancarte indiquait SUJETS DANGEREUX. Voilà le premier, c'est Aucun !

– Tu verras, bientôt tu sauras les reconnaître d'un seul coup d'œil, ces sujets qui demandent le singulier. Hugo avance alors son index et écrit sur l'écran d'eau :

> Aucun des habitants du royaume ne souhaite voir Hugo en difficulté.

L'écran d'eau clignote et envoie un deuxième message :

> Rien ne (pouvoir) empêcher les filles d'avancer.

Hugo demande au verbe pouvoir : « Qui est-ce qui ne peut empêcher les filles d'avancer ? » Réponse : Rien. Hugo comprend. Rien, comme aucun, est un sujet qui attend le singulier. Rien, c'est « zéro ». Il demande le singulier parce qu'il est lui aussi égal à zéro ! Hugo écrit sur l'écran d'eau :

Rien ne peut empêcher les filles d'avancer.
– C'est facile ! J'avais trouvé la réponse avec la question
« Qui est-ce qui ? ». En prononçant la phrase dans ma tête,
j'ai entendu peut, donc j'étais rassuré, c'était le singulier.
La réponse que j'entends à l'oral m'aide.
Mais déjà une nouvelle phrase flotte sous le nez d'Hugo.

> Pour une robe de fée,
> n'importe quel chiffon (convenir), puisque
> Nina le transforme d'un coup de baguette.

Hugo demande :
– « Qui est-ce qui convient ? » Réponse : N'importe quel chiffon.
Hugo regarde Nina qui lui explique, que, là encore, c'est bien le singulier qui va l'emporter.
– Hugo, écoute-moi bien. N'importe lequel convient : n'importe lequel, au singulier !
Hugo reprend sa phrase de départ et écrit alors convient au singulier, ce qui donne :

> Pour une robe de fée,
> n'importe quel chiffon convient, puisque
> Nina le transforme d'un coup de baguette.

Il commence à les reconnaître, ces sujets difficiles qui demandent le singulier. Rien, personne, aucun : c'est égal à zéro ; n'importe lequel, c'est égal à un. Tout ça c'est singulier. Lui qui avait du mal, le voilà qui maintenant les repère au premier coup d'œil. Il cherche alors avec Nina, dans les phrases flottantes, celle qui lui paraît la plus difficile, et il trouve :

Nina se dit qu'il a du courage. Hugo répète la phrase. Sans paniquer, il demande : « Qui est-ce qui semble vivre en harmonie ? ». La réponse qui lui arrive est d'abord : Coquillages, algues et coraux. Mais Hugo se dit :
– J'ai mieux. J'ai tout. Tout est un petit mot qui regroupe en un seul ensemble le début de la phrase,

ici. Tout, c'est singulier, c'est sûr. Et dans sa tête, il ne dit pas « tous », mais bien tout avec un t à la fin. Il écrit alors avec son index :

> Coquillages, algues et coraux,
> tout semble vivre en harmonie dans l'océan.

Puis, sans un mot, Nina lui demande de le suivre.

Ils entrent dans un sas étroit et bas. Ils s'y enfoncent chacun à son tour. Nina l'emmène rendre visite à trois cousins qui demandent le singulier : chaque, chacun, chacune.

– Écoute, dans chacun ou chacune, tu peux entendre chaque un, chaque une.

Nina lui chatouille le menton avec sa baguette magique

– Si tu ne penses pas que chaque = 1, alors tu risques de te tromper ! Mais je te laisse, Hugo, car au royaume de « chaque », il n'y a de la place que pour 1…

Et elle retourne dans le sas étroit où l'on ne passe que un par un : chaque 1 à son tour. Hugo, lui, se retrouve dans une minuscule pièce, fortement éclairée. Contre le mur, une table, une chaise et un ordinateur à écran ultra-plat.
– Bienvenue dans la tour de contrôle qui règle la circulation des bulles, annonce la voix d'une jeune femme dans un haut-parleur accroché au plafond. Je t'attendais. Mets le casque sur tes oreilles.
Hugo y entend d'abord le bruit des vagues. Puis la voix reprend.
– Je suis la sirène du « royaume du singulier ». Habituellement c'est moi qui suis aux commandes de cette tour de contrôle, mais, ce soir, je te laisse la place. Pour démarrer, tu enverras des messages de sécurité aux bulles qui circulent en ce moment.
Hugo est fier de sa nouvelle responsabilité. La voix lui dicte un

Chaque passager (avoir) l'obligation d'attacher sa ceinture avant le décollage.

premier message à envoyer. Il doit vite le taper sur le clavier : Hugo se répète la phrase dans sa tête et pense à Nina. Elle m'a bien dit que chaque = 1 donc, « Qui est-ce qui a... l'obligation d'attacher sa ceinture » ? Réponse : chaque passager. Je vais écrire a en l'accordant à la troisième personne du singulier. Pourtant, quand Hugo imagine la scène, il voit beaucoup de passagers qui, dans toutes les bulles, attachent leur ceinture. Il s'en tient à ce que Nina lui a dit et envoie le message aux bulles :

Chaque passager a l'obligation d'attacher
sa ceinture avant le décollage.

– Tu restes au clavier, Hugo, dit la voix dans le casque. J'ai un deuxième message de sécurité à envoyer :

Rappel :
pour votre sécurité à tous, il vaut mieux
que chacune des bulles (allumer)
ses lanternes sans attendre la nuit.

Hugo se pose à nouveau la question magique : « Qui est-ce qui doit allumer ses lanternes » ? Réponse : chacune des bulles (chaque une). Il tape sur son clavier :

Rappel : pour votre sécurité à tous, il vaut
mieux que chacune des bulles allume
ses lanternes sans attendre la nuit.

— Parfait. Voici un autre message, lui indique la voix.

> Message spécial aux pilotes débutants : n'oubliez pas de freiner avant chaque (virage).

Hugo est prêt à transmettre le message à l'ensemble des bulles du secteur, mais il se dit : virage... avec ou sans s ? Si les pilotes ralentissent avant chaque (virage), c'est un virage après l'autre. Je ne vais pas mettre de s à virage. Hugo est rassuré une fois de plus. Chaque = 1, chaque est tout seul, pas de place pour le pluriel. Voilà.

Il écrit alors sur l'ordinateur de commande :

> Message aux pilotes débutants : pensez à freiner avant chaque virage.

— Tu vas bientôt pouvoir rejoindre Nina, veux-tu bien envoyer un dernier message aux bulles du secteur, dit la sirène...

> Pour les chauffeurs des taxis-bulles : les derniers à s'installer sont ceux qui les (piloter).

Hugo a envie de mettre un s à pilote. Il réfléchit. Il ne se souvient pas d'avoir vu une pancarte indiquant « les » dans les sujets dangereux. Il aimerait tant que Nina intervienne.

Mais oui, c'est la voix de Nina ! Il l'entend à gauche du casque ; sauvé, se dit Hugo.

– Attention ! lui dit Nina discrètement. Je sais ce que tu t'apprêtes à faire. Réfléchis un instant. Les conducteurs des bulles apprécient de recevoir tes messages parfaitement écrits sur les écrans de leurs tableaux de bord.

Hugo se dit : pilote, ici, c'est le verbe piloter. Je vais l'accorder avec son sujet. Je vais bien le trouver si je lui demande « Qui est-ce qui les pilote… ? ». Et la réponse lui saute aux yeux. Il a trouvé, c'est : les chauffeurs de taxis, « ceux qui » pilotent les taxis-bulles. Oui, le sujet est pluriel. Il accorde le verbe à la troisième personne du pluriel et écrit pilotent :

```
Pour les taxis-bulles : les derniers à
   s'installer sont ceux qui les pilotent.
```

Dans son casque, Hugo entend la voix de Nina qui lui demande de venir la rejoindre. La sphère attend Hugo à la sortie. À peine est-il assis que la bulle démarre, pour une direction inconnue.
À l'intérieur de la sphère, la voix de Nina se fait entendre à travers un haut-parleur :
– Félicitations ! Tu as réussi avec les sujets dangereux qui demandent le singulier ; et tu n'es pas tombé dans le piège du roi Avoir avec « les ». Te voilà en mesure d'avancer encore dans le monde des sujets. Oh ! J'allais oublier... Lors de mes balades dans de lointaines contrées, j'ai trouvé une pierre au bord d'un lac. Elle est pour toi. Regarde dans ta poche droite.

Hugo en sort une sorte de caillou noir. Il l'ouvre en deux. Le haut-parleur ajoute que c'est une améthyste, un quartz violet.
– Merci beaucoup pour ce cadeau !

À toi de gagner !

- Rien n'(être) plus excitant que de filer au ras de l'eau.

    Rien n'**est** plus excitant que de filer au ras de l'eau.

- Aucun obstacle n'(arrêter) les navigateurs solitaires, dans leur tour du monde à la voile.

    Aucun obstacle n'**arrête** les navigateurs solitaires, dans leur tour du monde à la voile.

- Tout le monde (pouvoir) venir admirer les baleines, au Québec.

    Tout le monde **peut** venir admirer les baleines, au Québec.

- Quelque chose (scintiller) sur le rocher au loin.

    Quelque chose **scintille** sur le rocher au loin.

À toi de gagner !

- Les navigateurs solitaires ne (dormir) pas plus de quatre heures d'affilée.

  Les navigateurs solitaires ne dorm**ent** pas plus de quatre heures d'affilée.

- Chacune des rafales (pousser) mon bateau de plusieurs mètres.

  Chacune des rafales pouss**e** mon bateau de plusieurs mètres.

- D'énormes vagues me (secouer), mais je ne lâche pas la barre.

  D'énormes vagues me secou**ent**, mais je ne lâche pas la barre.

- Le roulement de tonnerre, les éclairs dans la nuit et les rafales de vent, tout (m'empêcher) de dormir, mais je suis bien.

  Le roulement de tonnerre, les éclairs dans la nuit et les rafales de vent, tout m'empêch**e** de dormir, mais je suis bien.

- Quand on entend les vagues se fracasser, on les (imagine) hautes comme des immeubles.

  Quand on entend les vagues se fracasser, on les imagin**e** hautes comme des immeubles.

Chapitre 2

Le pouvoir de choisir

• • •

Silencieusement, la sphère s'enfonce encore dans la fosse. Elle ralentit et se pose doucement à l'entrée du royaume des « sujets au choix ». Nina est là, qui grimpe à une échelle pour atteindre l'entrée d'une nouvelle grotte. Hugo la suit.

Ils entrent dans une pièce tapissée d'écrans. Nina explique à Hugo qu'il ne pourra pas tous les essayer. Elle lui demande de s'approcher du premier écran indiquant : PLURIEL ?
Hugo appuie sur le bouton central et l'écran s'allume. Comme sur son ordinateur, il se trouve face à un petit jeu. Il entend :

– Bienvenue dans le monde virtuel des « sujets au choix ». Es-tu prêt ?

Hugo s'éclaircit la voix :

– Go !

La règle du jeu apparaît.

> **Mets le verbe au présent de l'indicatif :**
>
> Une bande de poissons multicolores (jouer) à cache-cache dans les coraux.

Hugo se dit que la question magique « Qui est-ce qui ? » va le tirer d'affaire. Il demande à haute voix :
– « Qui est-ce qui joue à cache-cache ? ». Deux réponses s'affichent à l'écran :

> Une bande de poissons multicolores joue à cache-cache dans les coraux.
> Une bande de poissons multicolores jouent à cache-cache dans les coraux.

Hugo voit la différence tout de suite : le verbe est conjugué au singulier d'un côté, et de l'autre au pluriel. Il repose alors la question « Qui est-ce qui ? ». Il trouve comme réponse : Une bande de poissons multicolores. Il se souvient que la pancarte à l'entrée du royaume disait : SUJETS AU CHOIX. Il se tourne vers Nina :
– Pour moi, il faut le pluriel parce que dans la bande il y a plein de poissons.

– Si tu vois plein de poissons, alors mets le pluriel. Mais moi, répond Nina, je vois la bande. Je joue avec toi. Donnons chacun notre réponse, on verra bien.... Hugo donne sa réponse à haute voix :

– Troisième personne du pluriel.

L'écran affiche :

RÉPONSE EXACTE

Une bande de poissons multicolores jouent à cache-cache dans les coraux.

Aussitôt, Nina ajoute :

– Troisième personne du singulier.

Et l'écran affiche :

RÉPONSE EXACTE

Une bande de poissons multicolores joue à cache-cache dans les coraux.

– On a gagné tous les deux, bougonne Hugo un peu déçu.

Nina éclate de rire en voyant sa réaction.

– Tu as parfois le pouvoir de choisir. Profites-en ! Avec ce genre de sujets, c'est toi qui décides. Ils te laissent le choix. Tu ne peux pas te tromper. Tu trouveras toujours la bonne réponse. Génial, non ?

Hugo choisit un autre écran. Sans attendre il dit :

– Go !

Une phrase surgit, avec la même consigne.

> **Mets le verbe au présent de l'indicatif :**
>
> Une cinquantaine de requins blancs (s'approcher) de nous à grande vitesse.

Il demande alors à haute voix : « Qui est-ce qui s'approche... de nous ? » Il se dit qu'il a la liberté d'accorder le verbe avec une cinquantaine ou avec les requins blancs.

– J'ai le pouvoir de choisir entre le singulier de une cinquantaine et le pluriel de requins blancs, dit Hugo. Je donne mes deux réponses...

Et l'écran affiche :

> **DEUX RÉPONSES EXACTES**
>
> Une cinquantaine de requins blancs s'approche de nous à grande vitesse.
>
> Une cinquantaine de requins blancs s'approchent de nous à grande vitesse.

Hugo est ravi. Ce jeu lui plaît bien. C'est bon à tous les coups ! Il se souvient pourtant des sujets dangereux de tout à l'heure. Mais là, rien à voir. On voit le pluriel avec les `s à requins blancs` et on voit aussi « une cinquantaine formant un groupe, une bande, un ensemble » qui demande alors le singulier ; mais moi j'aime bien mettre au pluriel.

Nina est ravie. Ce qu'elle préfère dans toutes ces aventures, c'est le sourire d'Hugo. Elle lui pose une devinette :

– Avec quelle pancarte classerais-tu ces mots : `une foule de, une multitude de, une armée de`… ?

– Je leur mettrais la pancarte : POUVOIR DE CHOISIR, car ces mots regroupent plein de choses, et ils me donnent la possibilité d'accorder comme je veux : au singulier ou au pluriel, et sans me tromper.

– Je vois que tu commences à les reconnaître. Et maintenant, si je te dis : `une dizaine de`, `un tiers des` ?

Hugo la regarde :

– Facile ! Là aussi, j'ai le choix.

– Hugo, félicitations ! Tiens, je t'offre cette deuxième pierre. C'est un quartz très pur. Il te rappellera ton pouvoir de choisir dans certains cas ! Tu pourras le ranger à côté de l'améthyste.

Mais tout à coup, un filet s'abat sur eux. Effrayé, Hugo se débat. Mais plus il s'agite, plus il s'emmêle. Levant la tête, il reconnaît le roi AVOIR qui les entraîne sans ménagement dans une autre salle. Hugo a le temps de lire une pancarte indiquant « royaume du pluriel ».

Nina, furieuse d'être traitée ainsi, fait disparaître le filet d'un coup de baguette magique :
– Dites-moi, roi AVOIR, de quel droit vous permettez-vous de nous capturer ainsi ?
– Je ne vous ai pas capturés. Vous êtes libres de vos mouvements, non ?
Décidément, ce roi Avoir est de mauvaise foi, s'énerve la fée.

– Hum ! Voyons voir ! Il est temps de te confronter à des sujets un peu plus difficiles. Tu viens d'entrer au « royaume du pluriel », n'est-ce pas Hugo ?

– Oui, grâce à toi, roi Avoir, ironise Hugo.

– Alors, comment vas-tu t'y prendre si je te demande d'écrire ceci au présent sur mon ardoise magique :

> Certains poissons (vivre) dans le noir total, au fond de l'océan.

Hugo a envie de rire : pour qui le prend-il ? Certains, c'est pluriel, il a un s, et quand je demande « Qui est-ce qui ? », automatiquement, le pluriel arrive ; si je dis la phrase à voix haute, j'entends vivent, pas vit. Il est plutôt sympa avec moi, cette fois-ci. Aurait-il des regrets d'avoir essayé de me piéger tout à l'heure ? Hugo écrit :

> Certains poissons vivent dans le noir total, au fond de l'océan.

Et il se permet d'ajouter à l'adresse du roi AVOIR :

– Certains et certaines sont des sujets toujours pluriels.

Mais AVOIR s'acharne.

– Attends un peu, petit ! Écris cette phrase pour voir :

> Tu vois ces huîtres, quelques-unes seulement (renfermer) une perle rare.

Hugo jette un petit coup d'œil complice à Nina. Il s'applique à écrire la bonne réponse tout en pensant dans sa tête que tout devient simple. Ici, c'est encore un pluriel. Quelques-unes, se dit Hugo, c'est évident ! Elles sont plusieurs à avoir fabriqué des perles rares. Cela donne :

> Tu vois ces huîtres, quelques-unes seulement renferment une perle rare.

Le roi AVOIR a perdu !

Et hop ! Il disparaît... en laissant tomber de sa poche une troisième petite pierre, pour Hugo.

– Une pierre couverte de paillettes d'or ! remarque Nina qui la fait tourner entre ses doigts. Elle saura te rappeler les règles de prudence avec les verbes. La question magique « Qui est-ce qui ? » te sauvera des difficultés de la conjugaison. Tous les verbes te répondront et t'aideront à trouver la bonne réponse.

Hugo serre le précieux joyau dans sa main.

Nina souffle sur sa baguette magique et Hugo est transporté vers la sphère où Éclador l'attend. La fée leur adresse un petit signe de la main. La bulle regagne la surface et Hugo retrouve la lumière du jour. Dans quelques instants, il sera de retour chez lui.

À toi de gagner !

- Le départ en vacances approche, un tas de vêtements d'été (encombrer) mon lit.

  Le départ en vacances approche, un tas de vêtements d'été encombre mon lit.

- Une demi-douzaine de paires de chaussettes (remplir) le fond de mon sac à dos.

  Une demi-douzaine de paires de chaussettes remplit le fond de mon sac à dos.

- Une foule de chaussettes solitaires (attendre) l'heure du rassemblement.

  Une foule de chaussettes solitaires attend l'heure du rassemblement.

À toi de gagner !

- Certains polos (sembler) encore tout neufs.

  Certains polos semb**l**ent encore tout neufs.

- À un quart d'heure du départ, la moitié des vêtements n'(arriver) pas à trouver leur place dans le sac.

  À un quart d'heure du départ, la moitié des vêtements n'arrive pas à entrer dans le sac.

- Plusieurs (partir) dans la valise de mon frère.

  Plusieurs par**t**ent dans la valise de mon frère.

- Certains (se mélanger) avec le matériel de plongée.

  Certains se mélangent avec le matériel de plongée.

- D'autres me (servir) de coussin pour me hausser dans la voiture.

  D'autres me servent de coussin pour me hausser dans la voiture.

Chapitre 3

L'Île aux secrets

• • •

Jamais Hugo n'aurait pensé que les verbes et leurs sujets avaient leur royaume.

Avec Nina, tout devient simple. Heureux, il s'allonge sur son lit et voit qu'une lettre est posée sur son bureau ; il en reconnaît l'écriture. C'est Aline... son amie.

Elle lui a écrit un court message qui se termine par une drôle de question :

> Est-ce que Nina t'a emmené sur l'Île aux secrets ?
> Elle m'a promis que je pourrais y retourner avec toi.
>
> J'ai adoré ce spectacle.
> Tu me préviendras, n'est-ce pas ?
>
> À très bientôt.
> Aline

C'est quoi ce spectacle ? se demande Hugo ravi.

Au matin, Hugo trouve un message
sur son téléphone portable :

Hugo est content de repartir.
Décidément, Nina est incroyable :
il n'a son portable que depuis
quelques jours et la fée connaît
déjà son numéro !
Éclador est là, dans le jardin. Hugo le rejoint, et lui demande tout
en le caressant :
– Tu sais où nous allons ?
Avec son sabot doré, le cheval dessine une petite île.
– Oh, c'est sûrement l'endroit dont m'a parlé Aline. Super, pour
mon premier jour de vacances !
– Éclador, on ne peut pas partir maintenant. Je dois prévenir
quelqu'un. C'est très important pour moi.
Mais le cheval ailé ne peut attendre. Il faut partir. Hugo obéit, le
cœur gros. Il n'a pas pu tenir parole. Au fond de lui, il espère que
Nina aura bien fait les choses... En route pour l'Île aux secrets !

Éclador atterrit sur une petite plage. Nina est arrivée. Elle
est vêtue d'une nouvelle robe.
– On dirait que tu es habillée pour une cérémonie.

– Tu ne crois pas si bien dire, viens voir.

Hugo marche à ses côtés en silence.

– Tu n'as pas l'air dans ton assiette, mon ami ? Que se passe-t-il ?

– Nina, dit tristement Hugo, je m'étais promis de prévenir Aline de mon départ pour l'Île aux secrets, mais je n'en ai pas eu le temps. Éclador était pressé de partir, et...

Nina l'interrompt et lui demande de fermer les yeux. Et hop ! Hugo reçoit un baiser sur la joue : Aline est là, devant lui ! Il retrouve sa bonne humeur et tous les trois continuent leur chemin. Nina explique à Hugo que tous les verbes français se donnent, chaque année, rendez-vous sur l'Île aux secrets.

– Tu vas assister au Grand Tournoi de l'infinitif.

– Au quoi ? demande Hugo.

– À une drôle de rencontre, ajoute Aline. Allez, viens maintenant.

Hugo n'en croit pas ses yeux. Derrière la dune, une foule de verbes se tient prête.

– Ils sont superbes ! s'écrie Hugo. Regarde la veste du verbe « S'HABILLER » ! Et « VENIR », tu as vu ses chaussures !

– Mais pourquoi font-ils ça ? demande-t-il.

– Mais pour toi, lui répond la fée.

– Pour moi ?!!

– Oui. Aujourd'hui, tu vas pouvoir découvrir dans quelles situations on habille un verbe avec le costume de « L'INFINITF ». Comme d'habitude, mets-toi en alerte lorsque tu entendras un mot se terminant par le son é.

– Ah, dit Hugo, j'ai déjà entendu ça quelque part…

– Moi, depuis cette cérémonie, j'ai tout compris. Je ne me trompe plus, le rassure Aline.

Quelques trompettes se mettent à sonner et font taire la foule des verbes. Silence.

Sur l'estrade, deux fauteuils sont encore vides. Un premier personnage s'approche. Le roi AVOIR vient s'asseoir. Arrive aussi un autre personnage, tout petit et tout rond ; mais oui,

Hugo reconnaît le roi ÊTRE ! Nina se penche vers Hugo :
– Ce sont eux qui président la cérémonie. Un premier jeu va avoir lieu. Regarde bien et tu vas comprendre.

Les deux rois se lèvent et donnent ensemble le signal du départ. Un premier cortège de mots forme une phrase sous les yeux des spectateurs.

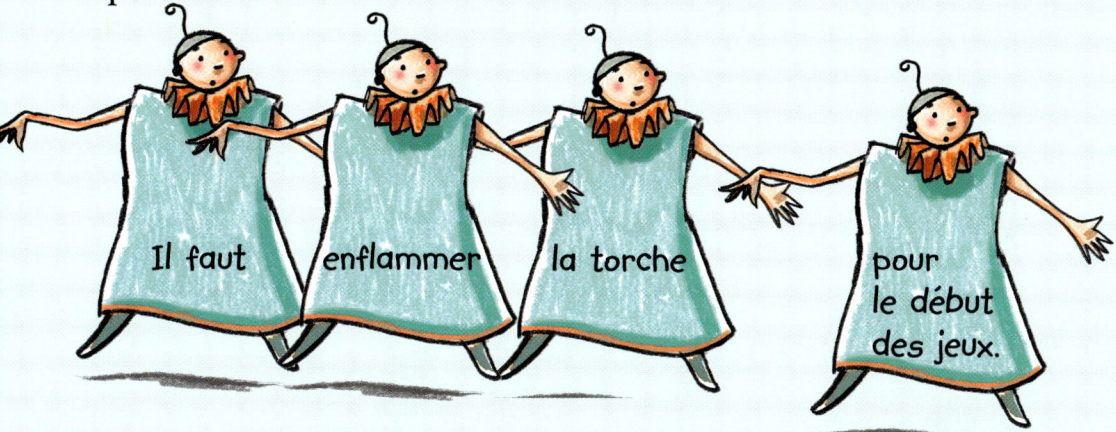

Dans les coulisses, un verbe se prépare : *enflammez*, habillé en *ez*. Il est accompagné de *vous*, et il espère bien entrer en scène. *Enflammer* habillé en infinitif est déjà dans le cortège. Va-t-il rester ? Il est beau dans son habit de lumière. On dirait

un toréador dans l'arène. Mais Hugo voit aussi un autre verbe. La foule des verbes se met à hurler.

– Deux, ils sont deux qui se suivent !

Hugo n'y comprend rien.

– Mais deux quoi ? demande t-il tout bas à Aline.

– Les deux verbes, là : faut et enflammer.

– Pour marquer le point, lui dit Aline, quand il y a deux verbes qui se suivent, il est impératif que le deuxième verbe soit en habit d'infinitif. À ce moment précis, enflammez, habillé en ez, entre dans le cortège. Il voudrait bien prendre la place d'enflammer en costume d'infinitif. La foule des verbes hurle à nouveau. Hugo prend quelques secondes pour réfléchir. Il voit le premier verbe : faut ; ça, c'est le verbe « falloir », qui est suivi par le deuxième verbe enflammer déjà habillé en infinitif. Hugo commence à comprendre. Pour gagner le point, enflammer doit rester dans le cortège. Il est le deuxième verbe et c'est son droit. Deux gardes interviennent alors et repoussent enflammez habillé en ez. Déçu, il regagne les coulisses…

– Bravo ! crie la foule.

Hugo est interloqué.

Quel drôle de jeu !

Un autre cortège

se prépare.

Une phrase

se met en place.

Après la cérémonie, chacun devra au nettoyage du terrain.

Hugo s'attend aux hurlements de la foule, mais toutes les têtes se tournent vers lui. Le roi AVOIR se lève et lui dit :
– À toi, Hugo.
Pris de panique, Hugo repense à la règle du jeu. Il faut compter, mais compter quoi ? Il s'affole, il ne sait plus. Aline le regarde, inquiète. Le temps semble une éternité à Hugo. Nina lui souffle à l'oreille :
– Quand deux verbes se suivent, le deuxième s'habille avec son costume...
Mais oui.... Il se souvient maintenant, et il crie à aider habillé d'infinitif :
– Tiens bon, ne quitte pas le cortège. Vous êtes deux, devra te précède, c'est le premier verbe, et puis toi, aider en costume d'infinitif.
Derrière lui, aidez habillé en ez avait déjà renoncé ; mais aidé, habillé en participe passé avec son é, était tout prêt. Hugo s'adresse à lui :

– Quant à toi, avec ton habit de é. Recule ! Ce n'est pas ton tour. Deux arbitres font signe à aidé de regagner les coulisses.

– Bravo, Hugo, crie la foule.

Nina tapote le bout du nez de Hugo :

– Vois-tu, Hugo, parfois tu trouveras ÊTRE et AVOIR habillés en infinitifs. Mais tu n'as rien à craindre, tu les entendras. Tiens, regarde cette phrase :

> Ceux qui pensent être trop lourds pour les taxis-bulles pourront avoir des vélos flottants.

La phrase danse dans la tête d'Hugo, qui voit quatre verbes au total ! AVOIR et ÊTRE sont en habit d'infinitif. Hugo voit qu'AVOIR et ÊTRE sont bien, chacun, en deuxième position. Ils suivent pensent et pourront.

– Avec eux, se dit Hugo, la règle est simple. S'ils sont deuxièmes, ils entrent dans le cortège avec leurs habits d'infinitifs, comme tous les autres verbes.

– Nina, je crois que j'ai tout compris !

Une autre phrase se forme dans l'arène. Hugo suit la partie avec attention :

Aujourd'hui, beaucoup de points seront marquer marquez marqué

La foule se tait. Hugo comprend qu'il doit continuer. Seront se dit-il, c'est le verbe ÊTRE. Je le reconnais en habit du futur.

Hugo lève les yeux : le roi ÊTRE n'est plus dans son fauteuil. Évidemment, il est juste derrière lui, et lui souffle à l'oreille.
– Tu reconnais cette situation ?
- Oui, roi ÊTRE, ici, tu es en première position : c'est toi qui commandes ; le verbe qui te suit est un participe passé. Hugo jette un coup d'œil sur le cortège. Marquez habillé en ez a déjà disparu, mais marqué habillé en participe passé veut prendre le dessus sur marquer en habit d'infinitif.

– Lequel des deux va pouvoir rester dans le cortège ? Hugo demande : « Qui est-ce qui sera marqué... ? » Réponse : des points. C'est masculin pluriel. Il demande à marqué habillé en participe passé d'entrer en scène ; et aussi à son page, chargé du s du pluriel, de l'accompagner.
Quant à marquer habillé en er, il comprend que ce n'est pas son tour et regagne les coulisses, sans l'aide des gardes.

Aujourd'hui, beaucoup de points seront marqués.

Les trompettes résonnent, pour signaler la pause. Hugo est très content de participer à ces jeux. Il réalise combien il est nécessaire d'être prudent dès que l'on entend un mot se terminant par le son *é*. Il a vu que les verbes se terminant en *é* étaient jaloux, et qu'ils voulaient entrer en scène par tous les moyens, face aux autres habits des verbes, les *ez*, les *é* et les *er*.

Les trompettes sonnent à nouveau. :
– Hugo, la cérémonie n'est pas terminée, lui dit Nina. C'est le signal d'un nouveau jeu.

Un cortège de petits mots s'est formé. Hugo en reconnaît certains comme *à*, *de* et *pour* et demande à Nina ce qu'ils font là.
– Tu vas comprendre, Hugo. Ils vont servir d'escorte aux verbes du cortège. Ce jeu est organisé rien que pour toi. Si tu vois l'escorte, c'est que le roi devra être habillé d'infinitif. Tu connais déjà la première règle de l'infinitif, n'est-ce pas ?
– Oui, Nina : Quand deux verbes se suivent, le deuxième s'habille avec l'infinitif.
Mais si le premier verbe est ÊTRE ou AVOIR, tu sais que le deuxième est un participe passé. Maintenant tu va connaître une deuxième règle : si le verbe est accompagné de son escorte, c'est qu'il sort et qu'il doit s'habiller avec… ?
– …son costume d'infinitif, répond Aline.
Aline donne un coup de coude à Hugo :
– Allez, à toi de jouer !
Au milieu de la scène où se déroule la cérémonie, le verbe *soulever* apporte une petite estrade. Il demande à Hugo, intimidé, de venir s'y installer.

Un premier cortège arrive sans tambour ni trompette :

Sur l'Île aux secrets, on entend parfois le vent du nord soufflé souffler comme une trompette.

Hugo doit décider du sort des deux verbes en costume. Dans cette phrase, le verbe n'est précédé ni du roi ÊTRE, ni du roi AVOIR, donc ce n'est pas un participe passé. Hugo fait signe aux arbitres de ne pas laisser continuer *soufflé* habillé en participe passé. Le premier verbe du cortège est *entend*. *Souffler*, lui, est en deuxième position, mais il suit le premier d'un peu loin ! Il faut quand même l'infinitif, pour le deuxième ?
Nina le rassure une nouvelle fois. Ici, le deuxième verbe est un peu loin dans la phrase, mais ce qui compte c'est sa position de second. Hugo est sûr de lui, maintenant. Il demande à *souffler* de rester dans la phrase dans son bel habit d'infinitif. *Souffler* n'a pas d'escorte, mais il est en deuxième position. Pour Hugo tout est clair :

Sur l'Île aux secrets, on entend parfois le vent du nord *souffler* comme une trompette.

– Bravo Hugo, lancent les verbes à l'unisson.

Hugo reste impassible. Nina et Aline applaudissent.

Puis apparaît une autre phrase :

Avant un match, il est nécessaire de se (préparer) mentalement pour (gagner).

Hugo commence par chercher si deux verbes se suivent. Il en compte même trois au total : il est ; se préparer, gagner. Puis il reconnaît deux escortes : de et pour.

La règle du jeu dit : si un verbe a une escorte, c'est qu'il sort. Il doit être habillé en infinitif.

Alors, Hugo prie préparer et gagner de rester dans la phrase avec leurs beaux habits d'infinitif.

Avant un match, il est nécessaire de se préparer mentalement pour gagner.

– Finalement, les verbes sont simples, précise Nina. Quand

on voit qu'ils vont sortir avec une escorte, allez, hop ! on les habille d'infinitif.

Tu sais Hugo, certains verbes jouent les cachottiers. Il faut les surveiller. Le seul moyen dont tu disposes, c'est d'écouter si le verbe se termine par le son é.

– Je comprends pourquoi tu insistes tant sur le son é. C'est mon alerte !

ÊTRE et AVOIR se lèvent, et le roi ÊTRE s'adresse à Hugo.

– Voici la dernière phrase qui clôturera notre cérémonie annuelle.

> Les étoiles ne vont pas (tarder) à se (montrer),
> il va falloir (songer) à (rentrer) à la maison.

Hugo est en alerte avec tous ces sons é. Il repère *vont*, qui est le verbe *aller*, le premier du cortège ; puis *tarder* qui en deuxième position. Alors, il demande à *tarder* de rester à sa place, avec son habit d'infinitif.

Ensuite, Hugo repère une petite escorte, *à*, qui accompagne *montrer*. Il demande donc au verbe *montrer* de rester lui aussi dans la phrase avec son habit d'infinitif. Plus que *songer*, qui est en troisième position. Hugo s'arrête et se dit :

– Que faire, pour un verbe en troisième position ?

Nina vient alors à son secours.

– C'est encore plus sûr que pour le deuxième, Hugo : le verbe en

troisième position s'habille également avec le costume de l'infinitif. C'est une forme de phrase assez rare, mais de temps en temps, il arrive aux verbes de décider de former un grand cortège. Alors, laisse aussi le verbe *songer* à l'infinitif !
– Merci, Nina, encore une nouveauté, mais je m'en souviendrai. Un seul carrosse pour trois et je mets les habits d'infinitif au deuxième verbe et au troisième.
Puis, Hugo termine en repérant l'escorte *à* devant rentrer. Il demande au verbe rentrer de garder son habit d'infinitif et là, Hugo, satisfait, regarde sa dernière phrase :

Les étoiles ne vont pas tarder à *se* montrer,
il va falloir songer à rentrer à la maison.

La cérémonie s'achève par un feu d'artifice et un défilé. Aline, Hugo et Nina regardent les verbes passer devant eux. Certains ont encore leur escorte. Le soleil est devenu rouge, et descend vite sur l'horizon. Le spectacle est terminé. Hugo grimpe sur le dos d'Éclador. Au moment où le soleil touche la mer, ils s'envolent. Aline a disparu.

Mais Nina lui réserve une dernière surprise.

À toi de gagner !

- Mon frère fait un gâteau, et j'aimerais bien l'(aider ; aidé ; aidez).

    Mon frère fait un gâteau, et j'aimerais bien l'aider.

- Il faut (coupé ; couper ; coupez) les abricots.

    Il faut couper les abricots.

- J'ai oublié d'(ajoutez ; ajouté ; ajouter) une pincée de sel dans la farine.

    J'ai oublié d'ajouter une pincée de sel dans la farine.

- Je dois (mélanger ; mélangé ; mélangez) avec les doigts.

    Je dois mélanger avec les doigts.

- Le plat a déjà été (beurrer ; beurrez ; beurré) par papa.

    Le plat a déjà été beurré par papa.

- Il suffit de (verser ; versé ; versez) tout dans le plat, avant d'(enfourné ; enfournez ; enfourner) le régal du soir.

    Il suffit de verser tout dans le plat, avant d'enfourner le régal du soir.

- Pour (surveiller ; surveillez ; surveillé) la fin de la cuisson, on a (appeler ; appelé ; appelé) maman.

    Pour surveiller la fin de la cuisson, on a appelé maman.

ÉPILOGUE

La dernière surprise

• • •

Hugo est de retour chez lui. Ses parents lui ont laissé un petit mot : « Hugo, nous sommes partis faire quelques courses. À tout à l'heure ! ».

Une surprise l'attend dans sa chambre : posé sur son lit, un magnifique coffret porte une inscription gravée à l'or fin.

En souvenir de l'Île aux secrets…

Hugo n'ose pas l'ouvrir. Quand il le prend dans ses mains, la boîte s'ouvre doucement et laisse apparaître un vieux papier jauni par le temps. Hugo le déplie et déchiffre les trois mots du message : *Une dernière récompense.*

Il a beau regarder la boîte sous toutes ses coutures, il ne trouve rien. Tout à coup, le vieux papier jauni disparaît, et l'intérieur du coffret se transforme. Quatre petites cases se creusent : il a la place d'y poser les trois pierres que Nina lui a offertes.

– La dernière petite case restera vide, remarque Hugo.

Il pose délicatement ses pierres en commençant par l'améthyste, puis le quartz translucide et, enfin, la pierre couverte de paillettes d'or. La dernière petite case s'enfonce dans la boîte magique. Nina est arrivée sans faire de bruit. Elle lui tapote l'épaule avec sa baguette magique et chuchote :

– Hugo, ferme les yeux. Dans quelques secondes, tu seras en possession d'un nouveau pouvoir. Celui-ci te permettra de me faire apparaître une seule fois.

Lorsqu'il rouvre les yeux, il découvre alors un magnifique crayon posé dans la quatrième case de la boîte.

– Hugo, si tu as besoin de moi, prends-le. Il a le pouvoir de me faire venir instantanément.

– Oui, mais comment ? demande Hugo.

– Utilise ce stylo et tu verras !

– Tu reviendras, Nina ?

– Promis.

– Bientôt ? demande Hugo. Nina, silencieuse, referme la boîte magique et disparaît…

Hugo sourit : il sait que Nina tient toujours ses promesses.

Chaque chapitre se termine par une rubrique
" À toi de gagner ! ", qui permet au lecteur du conte
de vérifier la progression de sa maîtrise dans les accords
du participe passé.

Découpez les pierres ci-dessous au fur et à mesure,
pour les remettre à leur destinataire.

N° éditeur : 10196036 - Dépôt légal : mars 2013
Imprimé en France par Loire Offset Titoulet à Saint-Etienne